BEI GRIN MACHT SICH IHR
WISSEN BEZAHLT

- Wir veröffentlichen Ihre Hausarbeit,
  Bachelor- und Masterarbeit

- Ihr eigenes eBook und Buch -
  weltweit in allen wichtigen Shops

- Verdienen Sie an jedem Verkauf

Jetzt bei www.GRIN.com hochladen
und kostenlos publizieren

Christian Eitz

Europäische Stadt und Hochhaus: Geschichte, Standorte, Pläne und Kontroversen - dargestellt am Beispiel der Städte Frankfurt am Main und München

GRIN Verlag

Bibliografische Information der Deutschen Nationalbibliothek:

Die Deutsche Bibliothek verzeichnet diese Publikation in der Deutschen National-
bibliografie; detaillierte bibliografische Daten sind im Internet über http://dnb.d-
nb.de/ abrufbar.

Impressum:

Copyright © 2005 GRIN Verlag GmbH
Druck und Bindung: Books on Demand GmbH, Norderstedt Germany
ISBN: 978-3-638-93178-6

Dieses Buch bei GRIN:

http://www.grin.com/de/e-book/52374/europaeische-stadt-und-hochhaus-
geschichte-standorte-plaene-und-kontroversen

GRIN - Your knowledge has value

Der GRIN Verlag publiziert seit 1998 wissenschaftliche Arbeiten von Studenten, Hochschullehrern und anderen Akademikern als eBook und gedrucktes Buch. Die Verlagswebsite www.grin.com ist die ideale Plattform zur Veröffentlichung von Hausarbeiten, Abschlussarbeiten, wissenschaftlichen Aufsätzen, Dissertationen und Fachbüchern.

Besuchen Sie uns im Internet:

http://www.grin.com/

http://www.facebook.com/grincom

http://www.twitter.com/grin_com

Humboldt Universität zu Berlin

Geographisches Institut

Seminar „Metropolräume in Deutschland"
SS 2005

Autor   Christian Eitz
(**HF** Südostasienstudien, **1. NF** Geographie, **2. NF** Kulturwissenschaft)

Datum   11. 05. 2005

Europäische Stadt und Hochhaus: Geschichte, Standorte, Pläne und Kontroversen.

Dargestellt am Beispiel der Städte Frankfurt am Main und München.

Inhaltsverzeichnis

I.   Einleitung

Im Rahmen des Seminars „Metropolräume in Deutschland" beschäftige ich mich mit dem Thema „Hochhäuser in der europäischen Stadt". Dabei sollen Aspekte zur Geschichte, zu Standorten, Planungswegen und Kontroversen beleuchtet werden. Spezielle Betrachtungsobjekte sind die bundesdeutschen Städte Frankfurt am Main und München. Zu Beginn werde ich eine kurze geschichtliche Übersicht über die Entwicklung des Hochhauses an sich vorstellen. Das Folgekapitel wird sich mit dem Entstehen von Hochhausstandorten in den beiden oben genannten Städten beschäftigen, wobei der Hauptakzent der Betrachtung auf der Stadt Frankfurt, seiner Ausnahmestellung in Deutschland Rechnung tragend, liegen wird. Hier werde ich einführend die *Strategische Hochhausentwicklung* in Frankfurt am Main – als allgemeinen geschichtlichen Teil – nachzeichnen, um dann darauf folgend das *Bankenviertel* im speziellen vorzustellen.

Die als *Planung mit Tradition* zu verstehende *Münchner Linie* der Hochhausplanung stellt einen krassen Gegensatz zu der Entwicklung in Frankfurt dar. Ich werde auch hier einen kurzen geschichtlichen Abriss vorstellen, einige ausgewählte Aspekte der Planungsweisen ansprechen und abschließend eine Kontroverse zwischen verschiedenen „Mächtigen" der Münchner Stadtgesellschaft darstellen, die exemplarisch für eine typische Variante des alten urbanen Fragezeichens „Wem gehört die Stadt?" angesehen werden kann.

Das Kapitel *Hochhauscluster in der Frankfurter Innenstadt, vereinzelt gestreute Solitäre in den Randlagen Münchens – warum?* wird die Unterschiede in der Standortverteilung der Hochhäuser in beiden Städten zum Gegenstand haben. Ich werde versuchen, aufzuzeigen, warum a.) überhaupt derartige Hochhauscluster im Zentrum einer europäischen Stadt entstehen konnten und b.) warum dies nur in Frankfurt am Main geschah und nicht in München.

Als Literaturquellen habe ich für den geschichtlichen Abriss die Bücher „Ästhetik und Konstruktion" von Johann N. Schmidt, sowie „Hundert Jahre Hochhäuser. Hochhaus und Stadt im 20. Jahrhundert" von Bruno Flierl verwandt, da sie einerseits – reich an Bildern – die Hochhausgeschichte rein visuell sehr gut darstellen, andererseits aber auch mit dem Verweis darauf, dass neben der physischen Realität auch eine kulturelle Identität des Hochhauses besteht,[1] den Facettenreichtum bei der Möglichkeit der Betrachtung von Hochhäusern voll zur Entfaltung bringen. Der „HochhausAtlas" von Eisele und Kloft bot mir wertvolle Informationen über die Strategische Hochhausplanung in Frankfurt am Main von der Zeit des

---

[1] Schmidt (1991), S. 12.

Wiederaufbaus in Deutschland bis heute. Spezielle Daten, Zahlen und Erklärungen zum zeitgenössischen Frankfurt konnte ich in erster Linie dem Buch „Hessen. Perthes Länderprofile" von Bodo Freund entnehmen, entsprechendes Material zu München steht auf einer ausgezeichnet verlinkten und sehr informativen Web Site der Stadt München zur Verfügung.

II. Das Hochhaus

a. Faszination und Ablehnung

Sämtliche Autoren, die sich mit Hochhäusern, deren Architekturen und Formen, beschäftigen leiten in ihr Werk mit der Feststellung ein, dass es kaum einen Konstruktionstyp in der modernen Architektur gibt / gab, der sowohl enthusiastisches Erstaunen, gleichzeitig aber auch heftigste Ablehnung hervorgerufen hat, wie eben das Hochhaus.[2]

Auf der einen Seite gelten sie durch die perfekte Kombination aus Technik und Ästhetik als „triumphales Symbol urbaner Größe", auf der anderen Seite werden sie verdammt als „lebensfeindliche Ausgeburt ausschließlich ökonomisch motivierten Imponiergehabes".[3]

Schmidt zitiert andere „Negativbefunde" verschiedener Autoren : „Raumhüllen für Immobilienmakler", „hochgetürmte Kassenmagneten" oder „Maschinen zum Geldverdienen"[4], und gibt damit einen Hinweis auf Extreme der Betrachtungsmöglichkeiten der Hochhausarchitektur.

Die Tatsache, dass das Hochhaus wegen seiner maßstabssprengenden Größe die Phantasie bewegt, die „normalen" Grenzen der Höhenerfahrung übersteigert und durch seine ausladenden, himmelsstrebenden Gebärden eine Aura von Spiritualität und poetischer Würde verbreitet,[5] kann als Beweis dafür gelten, dass trotz vielfacher Ablehnung auch tiefste Bewunderung (wenn auch heimliche) besteht.

> „Die ambivalente Haltung, die auch viele Städteplaner, Architekturkritiker und Kulturhistoriker dem Wolkenkratzer gegenüber entwickeln, ist Ausdruck der höchst unterschiedlichen, oft auch widerstreitenden Emotionen, die dieser Gebäudetypus in uns auslöst."[6]

Das Hochhaus ist nicht Betrachtungsobjekt ausschließlich nur einer Disziplin, die Vielzahl von Funktions- und Bedeutungsaspekten eröffnet die Möglichkeit, sehr unterschiedliche Beschreibungsformen anzutreffen: unter anderem „den nüchternen Konstruktionsbericht" , „

---

[2] Schmidt (1991), S. 9.
[3] Ebd. , S. 9.
[4] Ebd. , S. 9.
[5] Ebd., S. 10.
[6] Ebd. , S. 10.

die historische versierte Stilkunde", „die aktuelle Architekturkritik" und „die distanzierte kulturkritische Analyse".[7] Daraus ergibt sich, dass das Hochhaus neben seiner ursprünglich angedachten ausschließlichen Funktionalität auch eine „kulturelle Identität" angenommen hat, in dem Sinne, dass es in Wechselwirkung mit dem urbanen Kontext auf ganz unterschiedliche Weise verstanden, wahrgenommen und interpretiert werden kann.

Banal und einleuchtend zugleich sind die Gründe für die angesprochenen Kontroversen : die Größe und das Erscheinungsbild von Hochhäusern machen diese zu hochgradig öffentlichen Bauten und verleihen ihnen ein Höchstmaß an Repräsentanz, so wie es vorher nur die Rathäuser, Kirchtürme oder andere Monumente in sich trugen.[8]

b. Die Anfänge in den USA

Die Wurzeln des Gebäudetyps Hochhaus sind im wirtschaftlich aufstrebenden Chicago gegen Ende des 19. Jahrhunderts zu suchen. Zwei Aspekte waren die wahrscheinlich ausschlaggebenden: die großen Erfindungen jener Zeit – u. a. die Entwicklung sicherer Aufzüge, Skelettkonstruktionen aus gewalzten Eisenprofilen und die Entwicklung haustechnischer Systeme (Kommunikationssysteme) [9] - schufen die technischen Voraussetzungen für den Hochhausbau; gleichzeitig zwangen die ansteigenden Grundstücks- und Mietpreise die Architektur zur „Stapelung der teuren Etagenflächen".[10]

In den Jahren zwischen 1880 bis 1895 florierten die hohen Geschäftshäuser in Chicago, ein Ergebnis davon war das „erste höchste Gebäude der Welt", der 1892 gebaute und knapp 100 Meter hohe *Masonic Temple*. Zu dieser Zeit etablierte sich die so genannte „Schule von Chicago"; der aus ihrer Mitte stammende Architekt Louis H. Sullivan (1856 – 1924) formulierte den Grundsatz dieses neuen Baustils: „Form follows function" - Konstruktion wird zum gestalterischen Element und somit von außen deutlich ablesbar.[11]

Im Jahre 1893 schränkte man den Höhenwahn der Architektur drastisch ein, indem ein neues Gesetz nur noch eine Bauhöhe von 40 Metern zuließ; die führende Rolle im Hochhausbau musste nun an New York abgegeben werden.

Ähnlich wie in Chicago trieb die Forderung der Spekulanten nach größtmöglicher Ausnutzung der kleinen Grundflächen die Gebäude in die Höhe. Ob die New Yorker Architekten jener Zeit mutiger oder visionärer waren als andere, sei dahingestellt. Fakt ist jedoch, dass die Höhenentwicklung enorm zunahm und sich das blockhafte Bürogebäude in

---

[7] Ebd. , S. 13.
[8] Ebd. , S. 19.
[9] Eisele / Kloft (2002), S. 11.
[10] Ebd., S. 11.
[11] Ebd., S. 12.

einen Büroturm verwandelte.[12] Außerdem war eine Veränderung des Stils zu erkennen, in der Form, dass man den Höhendrang mit dem Einsatz historischer Stilelemente verband, um das futuristische Image der Hochhäuser abzumildern.

Der im Jahre 1908 gebaute, und knapp 200 Meter hohe, *Singer Tower*, dessen Spitze den Ecktürmen des *Louvre* in Paris nachempfunden wurde, ist beredtes Zeugnis für diesen Trend. Mit dem Bau des *Equitable Building* im Jahre 1915 in New York schwand erstmals die „Skyscraper" Euphorie, da starke öffentliche Proteste Gegenargumente zu dieser Stadtbild zerstörenden und Nachbarschaftsrechte negierenden Bauform artikulierten. Die „Zoning Laws" von 1916 forderten das so genannte „Set – Back – Building", was bedeutete, dass je höher ein Gebäude gebaut werden sollte, eine Zurückstaffelung mit der Höhe stattfinden musste.[13] Dieser Forderung Rechnung tragend, wurden die Gebäude nach oben immer schlanker, jedoch auch immer höher. Das *Empire State Building* , 1931 gebaut und mit einer Höhe von 381 Metern knapp 40 Jahre lang das höchste Gebäude der Welt, kann als Höhepunkt dieses Trends und als Archetypus des amerikanischen Skyscrapers angesehen werden.

Mit dem Einzug der Moderne in die Architektur der Hochhäuser fanden ein Umdenken und eine Hinwendung zum „Bekenntnis zu Technik und Funktionalität, sowie klarer Linienführung" statt.[14] Europäische Architekten wie Gropius oder van der Rohe – Vertreter der Bauhaus Bewegung in Deutschland und De Stijl Bewegung in den Niederlanden - zeigten sich erstmals im Jahre 1922 zur Teilnahme an einem Hochhauswettbewerb um den Bau des *Chicago Tribune Tower* auf amerikanischem Boden, und brachten ihre Ideen mit. Obwohl es noch geraume Zeit dauerte, setzte sich dieser moderne „Internationale Stil" auch im Mutterland der Hochhäuser durch. Mit den *Lake Shore Drive Appartments* (Chicago) schuf van der Rohe im Jahre 1947 ein frühes Beispiel dieser neuen Hochhausgeneration. Zehn Jahre später – 1958 - entstand das *Seagram Building* in New York, welches als Prototyp des modernen Bürohochhauses angesehen werden kann, und in der Folge in aller Welt kopiert wurde.[15]

In den 70er / 80er Jahren des 20. Jahrhunderts beginnt die Suche nach Alternativen zu den stereotypen Baukörpern der Moderne, was in der Konsequenz z. B. bedeutet, dass die klaren Formen zu spielerischen Skulpturen verformt werden und technische Elemente über ihre bloße Funktionsweise dekorativ überbetont werden bzw. hinter historisierenden Fassaden

---

[12] Ebd. , S. 12.
[13] Ebd. , S. 13.
[14] Ebd. , S. 13.
[15] Ebd. , S. 13.

versteckt werden.[16] Auch das Prinzip der Bereitstellung der Gebäude zur öffentlichen Nutzung durch Passagen, Wintergärten oder Plattformen wird deutlich gefordert. Ein weiterer wichtiger Trend der postmodernen Hochhausarchitektur ist die auffallende Thematisierung der Spitze, was bedeutet, dass Aspekte wie die Schaffung einer Skyline oder Repräsentationsbedürfnisse explizit angesprochen werden.

An diesem Punkt endet die Reise durch die chronologische Gebäudetypologie der Hochhäuser, denn mit dem nun auftretenden Parallelismus der Stile und dem Eintreten Europas und Asiens in die Welt der Hochhausarchitektur verschwimmen die Grenzen zwischen modernen, postmodernen, historischen und vielerlei anderen Stilelementen.

c. Die Anfänge in Deutschland

Zu Beginn des 20. Jahrhunderts schauen europäische Architekten fasziniert nach Amerika, im gleichen Moment aber „wohl wissend", dass dieser neue Konstruktionstyp relativ untauglich ist für die historisch gewachsene europäische Stadt. Aus dieser Haltung heraus ergibt sich die Tatsache, dass zwar der Hochhausgedanke bereits zu Beginn des Jahrhunderts in Europa Einzug hielt, die architektonische Umsetzung aber noch lange auf sich warten ließ. Zwar wurden bereits in den 20er und 30 Jahren vereinzelt „Hochhäuser" gebaut, die andauernde Diskussion um ihren Wert und ihre Verwirklichung zögerte einen schnellen Entwicklungsprozess jedoch sehr weit hinaus, so dass selbst heutzutage noch Argumente jener Diskussionen eine nachhaltige Wirkung zeigen. Zwei entscheidende, sich ergänzende, Argumente spielten dabei die Hauptrolle: a.) die Vorraussetzungen in Amerika zum Hochhausbau sind von daher optimal, als dass die jungen, wirtschaftlich aufstrebenden Städte sich nicht um historische Stadtgrundrisse sorgen mussten, und b.) dass architektonische Zeichen als Symbol für technischen Fortschritt und wirtschaftlicher Prosperität sehr wohl erwünscht waren. Dass die Situation in Europa – zumindest beim ersten Argument – genau umgekehrt war, bestätigte die Kraft dieser Argumentation.

In Deutschland sprach man von „kultivierten" Hochhäusern, die sich dadurch auszeichneten , dass sie eine moderate Bauhöhe aufwiesen und einzeln über die Stadt gestreut vorzufinden waren. Eine Zusammenballung von Hochhäusern in der Innenstadt kam nicht in Frage, denn dies würde den städtisch – historischen Kontext zerstören.[17]

Anfang der 20er galten bereits sechs- bis siebengeschossige Gebäude als Hochhäuser und selten wurden Höhen von 35 Metern überschritten. Erste hohe Gebäude waren eher im Fabrikbau angesiedelt, geprägt durch Sachlichkeit und Funktionalität. Die allmähliche

---

[16] Ebd. , S. 14.
[17] Ebd. , S. 15.

Annahme dieses Bautyps gründete sich wahrscheinlich auf der Feststellung, dass sich Hochhäuser wunderbar für Repräsentationszwecke eignen würden, so dass die ersten echten Befürworter der Hochhausarchitektur Kapitalgeber und Vertreter des industriellen Großbürgertums waren, um sich ihrer wirtschaftlichen und politischen Bedeutung ein Zeichen zu setzen.[18]

Mit dem Bau des *Hochhauses am Hansaring* (1925) in Köln und dem Gebäude des *Stuttgarter Tagblatts* (1927 / 28) in Stuttgart erreichten erstmals zwei deutsche Gebäude eine imposante Höhe von etwas mehr als 60 Metern, was im Falle des Hochhauses am Hansaring bedeutete, dass es für einige Zeit das höchste Hochhaus Europas war.[19] An diesem Beispiel lässt sich gut nachvollziehen, dass der Bau dieser Häuser in Repräsentationsabsicht wirtschaftlicher Kräfte geschah, denn eine Weiterführung des Trends des hohen Bauens wurde nicht auch auf Wohngebäude übertragen.

Bis zum zweiten Weltkrieg erreichte kein Hochhaus in Deutschland eine Höhe von 100 Metern, erst die Notwendigkeit des Wiederaufbaus und die Suche nach sinnvollen neuen Stadtmodellen, der hohe Bedarf an Wohn- und Büroflächen führte zu neuerlichem Nachdenken über die Frage des Hochhausbaus in Deutschland.

So wurden verschiedene Modelle angedacht, wobei sowohl Konzepte des linearen Verlaufs von Hochhäusern entlang der Ausfallstraßen als auch Clusterkonzepte in Erwägung gezogen wurden; Hochhausbau in den Innenstädten jedoch war nach wie vor ein Tabu – aus Rücksicht auf bereits bestehende historische Höhendominanten.

Die Hochhausentwicklung in den bundesdeutschen Städten verlief sehr unterschiedlich. Die einzige Stadt, die dem Druck der finanzkräftigen Unternehmen nachgab und ihre Innenstadt für den Hochhausbau öffnete und sich somit stark am amerikanischen Modell orientiert(e) ist das Finanz- und Dienstleistungszentrum Frankfurt am Main.[20]

---

[18] Ebd. , S. 15.
[19] Ebd. , S. 17.
[20] Ebd. , S. 18.

III. Hochhäuser in Frankfurt am Main und in München

a. **Von der Grundsatzentscheidung zur Baugenehmigung** (*Strategische Hochhausentwicklung in Frankfurt am Main*)

Europaweit ist Frankfurt am Main die einzige Stadt, deren Bankenviertel sich städtebaulich über die Bauform des Hochhauses definiert. Die Skyline dieser Stadt gilt als Markenzeichen für ihre Rolle als globaler Finanzplatz. Als Ergebnis verschiedener Phasen und Hochhauskonzepte seitens der Stadtentwicklungsplanung konnte diese Skyline entstehen.

Zwar weist Frankfurt keine kontinuierliche Entwicklung als Finanzplatz in der Vergangenheit auf, historische Gegebenheiten jedoch - wie die Etablierung der Bundesbank, die Einrichtung der internationalen Börse und in jüngerer Zeit auch der Zuzug der Europäischen Zentralbank - begünstigten eine Entwicklung in Richtung Finanzzentrale, was in der Konsequenz eine Sogwirkung auf andere nationale und internationale Bankenhäuser und Vertreter der Finanzwirtschaft hatte.[21] Die Stadt schien diese Entwicklung immer zu begrüßen und aktiv zu fördern, so dass Wirtschaft und Politik hier gemeinsame Wege gingen und in Problemfällen sinnvolle Lösungen anstrebten.

Im folgenden soll ein kurzer chronologischer Abriss dargestellt werden, der aufzeigen wird, wie die Stadt Frankfurt in den vergangenen 50 Jahren strategische Entscheidungen anhand von Stadtentwicklungsplänen zur Begünstigung des Finanzstandortes getroffen und umgesetzt hat.

50er Jahre: Hochhausring

Dieses erste räumliche Konzept aus dem Jahre 1953 sah einen Ring von Hochhäusern entlang der historischen Wallanlagen vor. Zusätzlich sollten vereinzelte Solitäre an markanten innerstädtischen Punkten, z. B. an Kreuzungswegen von Ausfallsstraßen mit dem Stadtring, errichtet werden. Dieses Konzept wurde nicht lange aufrechterhalten und somit nur bedingt realisiert.[22]

60er Jahre : Fingerplan

Wie die fünf Finger einer Hand strecken sich mehrere Ausfallstraßen aus dem Zentrum heraus und führen in die Randbereiche der Stadt oder noch weiter. An diesen Straßen sollte eine systematische, achsenförmige Verdichtung von Bürohochhäusern stattfinden, wobei jedoch eine Umsetzung dieses Planes den Abriss großer Teile vorhandener Bausubstanz notwendig macht bzw. gemacht hätte. Als Folge daraus kam es zum Ende der 60er Jahre zu massiven Protesten der ansässigen Bürger und großen Teilen der Studenten. Argumente gegen diesen

---

[21] Huf / Wenz (2002), S. 25.
[22] Ebd. , S. 26.

Plan waren in erster Linie die Verdrängung von Wohnflächen und kleinerer Dienstleistungsbetriebe.[23]

70er Jahre : Bankenplan

Als Reaktion auf die starken Proteste, die der Fingerplan hervorrief, besann man sich wieder auf das historische Bankenviertel. Ziel war es, dieses Viertel als Hochhausstandort weiterzuentwickeln und ausdrücklich darauf zu achten, keine weiteren Wohnflächen zu beeinträchtigen. Die *Neue Mainzer Straße*, welche als „historische Ausgangslinie"[24] für das Bankengeschäft in Frankfurt angesehen werden kann sollte hierbei den Hauptakzent bei der Verteilung von möglichen Hochhausstandorten darstellen. Viele, aus diesem Bankenplan hervorgegangenen, Gebäude prägen bis heute das Bild der Frankfurter Skyline, wie z. B. die Zwillingstürme der Deutschen Bank

80er Jahre : City – Leitplan

Der im Jahre 1984 vom Architektenbüro „Speerplan" entworfene Vorschlag nahm den Grundgedanken des Fingerplans wieder auf. Er sah vor, zwei Entwicklungsachsen (*Mainzer Landstraße* nach W; *Hanauer Landstraße* nach O) zu definieren, an denen dann im Sinne des Fingerplanes eine Verdichtung von Hochhäusern entlang dieser Straßen stattfinden sollte.[25] Ähnlich wie beim Fingerplan verzögerte sich aber auch hier die Realisierung aufgrund der entschiedenen Proteste seitens der Bevölkerung.

90er Jahre : Hochhauscluster

Während weiterhin öffentliche Auseinandersetzungen um eine geeignete städtische Hochhauspolitik stattfanden, wuchs die Nachfrage nach Hochhausstandorten ungebrochen an. Die grundsätzliche Frage, ob ein lineares Bebauungs- oder eher ein Clusterkonzept bevorzugt werden sollte, wurde damit beantwortet, dass der Stadtrat beschloss, sich abermals auf den Ausbau des Bankenviertels zu besinnen. Ein Rahmenplan, auf dessen Basis ein rechtskräftiger Bebauungsplan „Bankenviertel" in Kraft treten sollte, wurde erarbeitet.[26]

Der Hochhausentwicklungsplan

Zum Ende der 90er Jahre ergab sich die Situation, dass zwar noch 23 mögliche Standorte für die Hochhausbebauung in der Stadt zur Verfügung standen, jedoch nur ein einziger davon befand sich im Bankenviertel. Da der Druck auf diese hervorragende Lage nach wie vor ungebrochen war, entwickelten große Unternehmen massiven politischen Druck, um eine Baugenehmigung auf ihren Grundstücken zu bekommen. Die entsprechenden Standorte

---

[23] Ebd. , S. 26.
[24] Freund (2002), S. 150.
[25] Huf / Wenz (2002), S. 27.
[26] Vgl. auch Kap. III. b.

8

hingegen widersprachen den bisherigen planerischen Konzepten und der Schutz von Nachbarschaften, der durch die Nichtgenehmigung von neuen Hochhäusern garantiert sein sollte, war politischer Konsens.[27] Diese Situation machte es im Interesse aller Beteiligten notwendig, einen neuen Hochhausentwicklungsplan zu erarbeiten. Dieser wurde im Jahre 1999 im Stadtparlament beschlossen und somit – im Gegensatz zu vergangenen Plänen, die nicht rechtlich bindend waren, sondern eher den Planern und Verwaltungen als „Richtschnur" dienten[28] - auf eine rechtliche Ebene gehoben. Diesem Plan, der das Bankenviertel, das Europaviertel und das Gleisfeld des Hauptbahnhofs zu potentiellen weiteren Standorten auserkoren hatte, lag als städtebauliche Vorgabe die Benennung von Standorten im Sinne des Clusterkonzeptes zugrunde.

Nicht nur die Benennung von möglichen Hochhausstandorten, sondern auch die Formulierung von grundsätzlichen Forderungen für die Hochhäuser selbst sind Bestandteil dieses Hochhausentwicklungsplanes. Demnach sollen die Hochhäuser abhängig von ihrer Umgebung eine bestimmte Höhenbegrenzung erhalten, die sich daraus ergibt, welchen Grad der Verschattung das Gebäude auf umliegende schützenswerte Nutzungen , wie z. B. Wohnungen, Schulen, Parks, etc., abgibt. Auch ergibt sich die Höhe aus der städtebaulichen Wirkung der Häuser als Solitäre oder Ensembles. Es wird verlangt, dass sich die Häuser sorgfältig in die Umgebung einfügen und bestehende Plätze nicht qualitativ mindern. Historische Stadtviertel, Wohngebiete und Grünräume sollen erhalten und geschützt werden. Des weiteren wird verlangt, dass sich in den Sockelzonen – und teilweise auch in den Turmspitzen – durch Mischnutzung ein hohes Maß an Öffentlichkeit entwickeln kann. Es wird festgesetzt, dass sich neu entstehende Cluster an Orten mit einer hervorragenden ÖPNV – Anbindung befinden müssen, so dass nur wenige Stellplätze in Tiefgaragen entstehen müssen. Zu guter Letzt sollen die neuen Hochhäuser hohen ästhetischen und ökologischen Ansprüchen genügen und nutzerfreundlich gestaltet sein.[29]

Die voran gegangene Aufzählung der verschiedenen Konzepte und Planungsansätze, mit denen die Stadt Frankfurt versucht hat, die Integration von Hochhäusern in ihren Stadtkörper sinnvoll zu gestalten und dabei sogar das Experiment zu wagen, selbst die historische Innenstadt dieser Bauweise zu eröffnen, sollte zeigen, wie schwierig und langwierig der Prozess einer geeigneten Politik der Stadtplanung und – entwicklung ist. Aus diesen, im Laufe der Jahre gesammelten, Erfahrungen ergibt sich ein gewisser Fragenkatalog, der immer

---

[27] Huf / Wenz (2002), S. 28.
[28] Ebd. , S. 25.
[29] Ebd. , S. 29.

wieder im Vorfeld einer planungs- und baurechtlichen Absicherung von Hochhausprojekten gestellt und beantwortet werden sollten.[30] Bietet die Stadt das ökonomische Potenzial als Grundlage für den Bau und die Vermarktung hochwertiger Häuser? Sollen Hochhäuser im Stadtzentrum oder eher in der Peripherie angesiedelt werden? Welche Auswirkungen haben die potentiellen Standorte auf die umliegenden öffentlichen Räume?[31] Diese und ähnliche Fragen gelten also als die entscheidenden im Rahmen einer sinnvollen und nachhaltigen Stadtentwicklung.

Als augenscheinlich gelungenes Ergebnis dieses Planungsprozesses stellt sich das Bankenviertel dar, welches im folgenden Abschnitt noch einmal näher vorgestellt werden soll.

b. Das Bankenviertel

Der Name Bankenviertel lässt sich historisch dadurch rechtfertigen, dass bereits im frühen 19. Jahrhundert wohlhabende Bürger in klassizistischen Villen entlang der Neuen Mainzer Straße residierten, unter ihnen auch namhafte Privatbankiers. Mit dem allmählichen Wegzug der Bürger ins Westend, wandelten sich die Villen entweder in Orte des Finanzgeschäfts oder mussten großen repräsentativen Bankhäusern weichen.[32]

Als nach dem Krieg in den 50er Jahren wieder Hochhäuser in Frankfurt gebaut wurden, ließ sich kaum ahnen, welche Entwicklung dieses Bankenviertel wohl nehmen würde. Erst mit dem Bankenplan aus den 70er Jahren, welcher das Problem der Standortverteilung von Hochhäusern in der Stadt regeln sollte, erhielt das Bankenviertel seine vertikale Ausrichtung. Wie oben bereits erwähnt, war der Ausbau des Bankenviertels als geeignetem Standort für aufstrebende Hochhausprojekte, der grundsätzliche Aspekt dieses Plans. So wurden innerhalb von 12 Jahren (1972 – 1984) hauptsächlich entlang der Mainzer Landstraße und der Neuen Mainzer Straße die neun bedeutenden Hochhäuser der „Zweiten Generation" errichtet, die sich gegenüber ihren Vorgängern der „Ersten Generation" (1950 – 1972) deutlich in der Bauhöhe unterschieden. Auch die starke Konzentration von Hochhäusern auf einem doch recht kleinen Gebiet war ein Novum für die Stadt, sie kann im Prinzip als erste Ansammlung von Hochhäusern im innerstädtischen Bereich europaweit angesehen werden oder doch zumindest als Grundlage für diese Entwicklung.

Im Sinne des Konzeptes der Nachverdichtung des Bankenviertels folgte noch einmal eine weitere, eine „Dritte Generation" von Hochhäusern, die sich sowohl in der Bauhöhe als auch diesmal in der Bauform von ihrer Vorgängergeneration unterschied / unterscheidet. Im

---

[30] Ebd. , S. 29.
[31] Ebd. , S. 29.
[32] Freund (2002), S. 150.

Gegensatz zu der als „Aufstellen von Schachteln" bezeichneten Bauweise der ersten und zweiten Generation, erscheinen die neuen Gebäude stärker individualisiert.[33]

Die Frage, warum Hochhäuser gebaut werden scheint nicht eindeutig erklärbar zu sein. Im Falle von Frankfurt muss man sich in diesem Zusammenhang sogar gleich zwei Fragen stellen: erstens die oben erwähnte, nämlich die nach dem Motiv für den Bau eines Hochhauses an sich, und zweitens muss der Grund für die Ausnahmesituation Frankfurts als einzige Stadt mit einem sich über Hochhäuser definierenden Bankenviertel bundes- und sogar europaweit, erfragt werden.

Zur Klärung der ersten Frage gibt es scheinbar gar nicht so viele Lösungsvorschläge, wie man eigentlich vermuten möchte. In Zeiten, in denen bereits geklärt scheint, dass das Hochhaus nicht wirklich einen ökonomisch sinnvollen Bautyp darstellt, denn mit jeder weiteren Etage steigen Kosten für Wartung (innen und außen), Kosten für die Energieversorgung, Baukosten an sich, usw., verliert das Argument der Suche nach sparsamer, größtmöglicher Ausnutzung von Grundfläche ganz klar an Bedeutung. Aber genau diese Feststellung, dass Hochhäuser sehr teure Varianten der Architektur von heute sind, führt zu dem scheinbar entscheidenden Fingerzeig, warum man sich ein Hochhaus bauen „muss".

Freund schreibt:

> „Der vermutlich wichtigste Grund ist ein irrationaler: Durch die Präsenz auf einem der teuersten Standorte […] und das Erstellen von Bauten im Wert von mehreren hundert Millionen Mark werden Solvenz und Vertrauenswürdigkeit demonstriert."[34]

Selbstverständlich wird diese Kontroverse mit sehr viel längeren und breiteren Argumentationssträngen geführt, als das in dieser Hausarbeit der Fall wäre, dennoch denke ich persönlich auch, dass das oben aufgeführte Zitat genau den Kern trifft.

Der Versuch der „Klärung" der zweiten Frage soll im *Kapitel IV.* vorgenommen werden.

Die Besonderheit des Bankenviertels in Frankfurt konnte an dieser Stelle nur skizzenhaft dargestellt werden, dennoch sollte die entscheidende Aussage, dass dieses Art der Clusterung von Hochhäusern in der Innenstadt und auch die Definition eines funktional abgrenzbaren Stadtviertels scheinbar ausschließlich über seine Architektur, in dieser Form einzigartig in Deutschland und auch Europa ist, noch einmal explizit erwähnt werden.

---

[33] Ebd. , S. 151.
[34] Ebd. , S. 152.

c. Planung mit Tradition (*Die Münchner Linie*)[35]

Die Entwicklung der Hochhausverteilung in München verlief spätestens zum Ende der 60er Jahre völlig anders als in Frankfurt am Main. Zwar gab es auch in München seit den 20er Jahren verschiedene Hochhausprojekte und auch Überlegungen zu einem Hochhausring um die Altstadt – welche allerdings relativ umgehend wieder verworfen wurden – und auch das allmähliche Auftauchen von Hochhäusern nach dem Krieg war zu beobachten, Dimensionen – sowohl in der Höhe als auch in der Anzahl der Gebäude – wie in Frankfurt wurden nicht erreicht. In erster Linie wurden in München Wohnhochhäuser gebaut, die als kleine Gruppen an verschiedenen Standorten auftauchten. Die *Sternhochhäuser* der Firma Siemens, die *Punkthochhäuser im Arabellapark* und die *Parkstadt Bogenhausen* gelten als die ersten Vertreter die Wohnhochhaussiedlungen, gebaut in den Nachkriegsjahren. Später, in den 70er Jahren entstanden eine Reihe von einzelnen Wohnhochhäusern, die über die Stadtteile verstreut wurden, außerdem errichtete man in jener Dekade die Großsiedlungen *Neuperlach*, *Forstenried* und das *Olympische Dorf*. Der Bau von Bürohochhäusern setzte, damals noch ohne Standortkonzept, in den 50er Jahren ein. Das *Agfa – Hochhaus* in Giesing ist z. B. ein Vertreter des Bürohochhauses dieser Zeit. Mit der Fertigstellung des *Hypo – Hochhauses* (114 m) im Jahre 1981 wurde zum ersten Mal in der Münchner Hochhausgeschichte die Bauhöhe von 100 Metern überschritten, vorher orientierte man sich an der historischen Höhendominante, die durch die Türme der *Frauenkirche* mit besagten 100 Metern feststand. Seit den 90er Jahren findet man in München eine Vielzahl neuer Hochhäuser, die sich in der überwiegenden Mehrzahl an wichtigen Verkehrsknotenpunkten von München befinden. *HighLight Munich Business Towers* im Neubaugebiet der *Parkstadt Schwabing*, das *Münchner Tor* an der Stadteinfahrt der AP München – Nürnberg, der *Uptown München* auf einer ehemaligen Brache sind nur einige in diesem Zusammenhang zu nennende Objekte.

Genau wie die Stadt Frankfurt hat auch die Stadt München eine Richtlinie als Grundlage für Stadtratsbeschlüsse zu geplanten Hochhausprojekten. Diese Richtlinie – auch „Münchner Linie" genannt   orientiert sich an den beiden Münchner Hochhausstudien, die in den Jahren 1977 und 1995 durchgeführt wurden. Die Hochhausstudien definieren den Umgang mit der Bauform des Hochhauses im Stadtgebiet. Die erste Studie „Untersuchung Hochhausstandorte" hat die Ausweisung von „Schutz- und Untersuchungsbereichen" zum Gegenstand, was bedeutet, dass bestimmte Gebiete mit besonderem Charakter, welcher durch

---

[35] Sämtliche in Kapitel III. c. aufgeführten Namen, Zahlen, Daten und Fakten sind einer Web Site (http://www.muenchen.de/Rathaus/plan/plantreff/hh_in_m/85142/index.html) entnommen und werden daher nicht einzeln mit Fußnoten belegt.

die Einfügung höherer Gebäude stark verändert werden könnte, als schützenswert gelten, und demzufolge eine höhere Bebauung nur nach genauer Prüfung zulässig ist. Als Schutz- und Untersuchungsbereiche wurden z. B. explizit die Altstadt, Dorfkerne, bestimmte Grünflächen und wie bereits oben erwähnt Siedlungen und Gebiete mit besonderem Charakter ausgewiesen.

Die zweite Hochhausstudie „Hochhäuser im Rahmen der Strukturverdichtung" wurde als Konkretisierung und Aktualisierung der ersten Studie verstanden. So enthält diese Studie als Ergebnis eine Karte von verschiedenen Flächen, die a.) mögliche neue Standorte für Hochhäuser vorstellen, und b.) die generell geeignet sind zur Verdichtung durch kompakte Bebauung, welche das Profil der Umgebung jedoch nicht bzw. nur geringfügig überschreitet.

Als Ergebnis dieser Studien lässt sich die Richtschnur der „Münchner Linie" in vier Punkten kurz zusammenfassen:

- Die Altstadt, die alten Dorfkerne sowie gewachsene Stadtteile und schützenswerte Freiräume sollen in ihrem Charakter erhalten und deshalb frei von Hochhäusern bleiben.

- Die Sicht auf die Wahrzeichen der Stadt wie Rathausturm, Alter Peter oder Frauenkirche darf aus den Hauptsichtlinien in die Stadt hinein nicht durch Hochhäuser beeinträchtigt werden.

- Über die Höhe eines Hochhauses wird im Einzelfall entschieden. Die Lage des Standorts, die unmittelbare Umgebung und die Sichtbeziehungen sind entscheidende Kriterien. Die Nah – und Fernwirkung wird geprüft.

- Als geeignete Standorte kommen „Stadttor – Situationen" wie Stadteinfahrten, Kreuzungsbereiche und Schnittpunkte wichtiger Verkehrsachsen in Frage, aber auch bereits vorhandene Hochhausstandorte. In städtebaulichen Entwicklungsgebieten können Hochhäuser Akzente setzen sowie Orientierungspunkte und neue Adressen bilden. Hochhäuser sind und bleiben ein besonderer Bautyp in München und kein Regelfall.

Wie an dieser voran gegangenen kurzen Vorstellung der „Münchner Linie" gut zu erkennen war, legt die Stadt besonders großen Wert auf den Erhalt des Charakters historischer Objekte und Plätze. Im Gegensatz zu Frankfurt kam / kommt man in München scheinbar mit viel weniger Plänen und Konzepten zur Integration von Hochhäusern in den Stadtkörper aus, was aber mit einer Vielzahl von Aspekten zusammenhängt, welche in *Kapitel IV.* aber noch diskutiert werden sollen.

Wie stark die Stadt München ihrer „Linie" verbunden ist, und wie sinnhaft der oben aufgeführte Satz „Hochhäuser sind und bleiben ein besonderer Bautyp in München und kein Regelfall" in konkreten Fällen sein kann, soll der Absatz III. c. zeigen.

d. Siemens und Süddeutsche vs. Frauenkirche und Alpenblick[36]

Im November des Jahres 2004 erregte ein Bürgerentscheid in München, welcher die Errichtung zweier Bürohochhäuser verhindern sollte, großes Aufsehen. Konkret ging es um die in der Planung schon weit fortgeschrittenen Hochhausprojekte von Siemens und dem Süddeutschen Verlag. Die „Initiative Unser München" mit dem Altbürgermeister Georg Kronawitter als Wortführer forderte einen Bürgerentscheid, der klären sollte, ob die Münchner Stadtbevölkerung mit dem Bau dieser Bürohochhäuser einverstanden sei. Bei der Wahl selbst standen drei konkrete Fragen zur Diskussion:

"Sind Sie dafür, dass die Stadt München alle rechtlich zulässigen Maßnahmen ergreift,

- den Blick aus der Innenstadt auf die Alpenkette von weiterer Beeinträchtigung freizuhalten und deshalb die geplanten Hochhäuser „Isar-Süd" mit bis zu 148 Metern Höhe zu verhindern,

- den Münchner Osten von einem dort städtebaulich unverträglichen Hochhaus freizuhalten und deshalb das geplante Hochhaus an der Hultschiner Straße mit 145 Metern Höhe zu verhindern, und

- dass weitere Hochhäuser in München außerhalb des mittleren Rings nur dann gebaut werden, wenn sie stadtbildverträglich sind, sich in die Gesamtstadt und ins Stadtviertel einfügen sowie die Höhe der Frauentürme nicht überschreiten?"

Alle drei Fragen wurden mit „ja" beantwortet, was in der Konsequenz also ganz simpel bedeutete, dass das Hochhaus der Süddeutschen, geplant im Münchner Osten mit einer Höhe von 145 Metern, nicht gebaut werden durfte, da seine Anwesenheit als stadtbildunverträglich galt. Das Hochhaus von Siemens *Isar Süd*, mit einer geplanten Höhe von 148 Metern, konnte deswegen nicht in Bau genommen werden, weil die Stadtbevölkerung fürchtete, den Blick auf die Alpen nicht mehr uneingeschränkt genießen zu können. Außerdem wurde in der letzten

---

[36] Sämtliche in Kapitel III. d. aufgeführten Namen, Zahlen, Daten und Fakten sind einer Web Site (http://www.sueddeutsche.de/muenchen/schwerpunkt/999/26973) entnommen und werden daher nicht einzeln mit Fußnoten belegt.

Frage festgelegt, dass von nun an – so wie es bis zu Beginn der 80er Jahre in München üblich war- die Türme der Frauenkirche mit ungefähr 100 Metern die entscheidende Höhendominante bleiben sollten.

Interessant an dieser Kontroverse sind sowohl die Beteiligten als auch der Ausgang. Auf der einen Seite stehen Bürgermeister, Stadtrat und Wirtschaft, auf der anderen eine Bürgerinitiative. Dieses Beispiel verdeutlicht wunderbar, welche Kräfte im Machtspiel im Kampf um die urbanen Räume als Akteure auftreten können. Nun ist es ja oftmals so, dass sich diese Kämpfe unter Ausschluss der Öffentlichkeit in den Büros der Mächtigen aus Wirtschaft und Politik abspielen – in diesem Falle jedoch wurde die Bevölkerung gefragt und sie hat gewonnen. Unabhängig davon, welche Meinung man zu Fragen, wic sie in diesem Bürgerentscheid zur Debatte standen, letztendlich hat, und unabhängig davon, wie man die Art und Weise, wie diese Debatte geführt wurde bewertet, sollte man sich dennoch dessen bewusst sein, dass der Wille der Bevölkerung oftmals ein ganz anderer ist, als der der Mächtigen. Und wenn man ihn über Jahre ignoriert und so geschickt ausblendet wie es oftmals der Fall ist, dann können so „unangenehme" Entwicklungen auftreten, die wie in diesem Falle jahrelange Planungen von heut auf morgen zunichte machen, und auch den Ruf einer ganzen Stadt in bestimmten Kreisen stark beschädigen.

IV.   Hochhauscluster in der Frankfurter Innenstadt, vereinzelt gestreute Solitäre in den Randlagen Münchens – warum?

Im Verlauf der voran gegangenen Hausarbeit wurde herausgearbeitet, dass die Städte München und Frankfurt ganz unterschiedliche Entwicklungen in Bezug auf die Errichtung und Verteilung von Hochhäusern durchlaufen haben. Die Hauptursache ist wahrscheinlich im historischen Kontext zu suchen. Frankfurt wurde nach dem 2. WK zum Headquarter der Amerikaner für Europe und demzufolge auch für Westdeutschland. Diese Situation bedingte, dass der Flughafen schnell zu einem großen internationalen Luftfahrtzentrum ausgebaut werden musste, was bedeutete, dass einer hoher Anteil nach Deutschland Einreisender über Frankfurt das Land betraten. Zu dieser verkehrs- und transporttechnisch gesehen äußerst zentralen Lage, führten des weiteren die Errichtung der Deutschen Bundesbank und der Internationalen Börse zu einem Höchstmaß an Zentralität in Deutschland in Bezug auf den Finanzsektor. In dieser Sogwirkung folgten im Laufe der Jahre nationale und internationale Bankenhäuser und andere in der Finanzwirtschaft tätige Unternehmen und Dienstleister. Wenn man die Diskussion aus III. c. aufgreift, in der bereits festgestellt wurde, dass der

Grund für den Bau von Hochhäusern in erster Linie wohl in Repräsentationsabsicht geschieht, und diese Absicht hauptsächlich im Finanzsektor eine wichtige Rolle zu spielen scheint, dann wird klar, warum Frankfurt prädestiniert war / ist für den Bau von repräsentativen Bürohochhäusern der Finanzwirtschaft. Dass es zur einer Hochhausclusterbildung im Frankfurter Innenstadtbereich kam, liegt scheinbar daran, dass die Politik der Stadt ein großes Interesse hatte / hat, diesen Finanzsektor am Ort zu behalten. Der Bankenplan aus den 70er Jahren kann als erstes Zeugnis dafür angesehen werden, dass die Stadtplanung ausdrücklich daran interessiert war, Lösungen zu finden, die Ansprüche dieser Branche zu befriedigen. Dass die Banken und Versicherungen selbst ein Interesse hatten / haben, die Standorte ihrer Bürohochhäuser in einem Gebiet wie dem Frankfurter Bankenviertel zu platzieren scheint zweierlei Gründe zu haben. Zum einen sind die Standortvorteile dieses Mikrostandortes – Nähe zu anderen Banken, großes Angebot von qualitativ hochwertigen Dienstleistungen, etc. – ein entscheidender Faktor, zum anderen ist natürlich der Imagegewinn durch „vertikale Präsenz" – innerhalb des Bankenviertels und auch von außen, in der Skyline – ein kaum abzusprechender Grund.

Münchens Situation ist eine völlig andere. Im Prinzip könnte man all die entscheidenden Aspekte, die die Entwicklung Frankfurts zum Dienstleistungs- und Finanzzentrum entschieden vorangetrieben haben, noch einmal aufzählen, um dabei festzustellen, dass München diese nicht vorzuweisen hat /hatte. Der historische Kontext gab es nicht her, dass der Wiederaufbau des deutschen Finanzwesens hier stattfand. Die Stadt war nie wirklich genötigt, wahrscheinlich auch gar nicht wirklich interessiert daran, ein Viertel - vergleichbar mit dem Bankenviertel in Frankfurt – hier zu etablieren. Die in Kapitel III. c. angesprochene Münchner Linie, die es jedem Finanzinstitut extrem schwer gemacht hätte, sich hohe Repräsentationsbauten in das Zentrum der Stadt bauen zu wollen, kann auch in gewisser Weise als Argument für den Unwillen der Stadt, ähnliche Entwicklungen wie Frankfurt zu durchlaufen, herangezogen werden.

Im Prinzip hätte auch so gut wie jede andere deutsche Stadt (vorzugsweise westdeutsche Stadt) zum Vergleich mit Frankfurt herangezogen werden können, und es hätte sich immer wieder das gleiche Bild ergeben : Frankfurt hat ein Bankenviertel, welches in seiner vertikalen Ausrichtung und seiner Lage im Zentrum einer historisch gewachsenen Stadt einmalig ist für Deutschland und sogar Europa ; München, Köln, Düsseldorf, Hamburg, ….haben dies nicht.

Der entscheidende Grund für die Besonderheit der Stadt Frankfurt am Main ist wahrscheinlich dann doch der, dass der Finanzsektor spätestens seit der Nachkriegszeit sein

Zentrum in dieser Stadt gefunden hat und – wie es auch in anderen Finanzmetropolen weltweit der Fall ist – repräsentiert werden will.

V. Abschlussbetrachtung

In meiner Hausarbeit habe ich versucht, die Geschichte des Hochhauses erst allgemein und dann speziell für Deutschland zu skizzieren. Ich habe dabei *die* Hochhausstadt Frankfurt mit der – in Hinblick auf die Hochhausarchitektur weniger spektakuläre – Stadt München verglichen, um die Sonderstellung Frankfurts in Deutschland herauszuarbeiten.

Der persönliche Gewinn für mich liegt bei dieser Arbeit darin, dass ich ein wenig über die Geschichte und gleichzeitig Bedeutungsschwere der Bauform des Hochhauses gelernt habe, und für mich in Grundzügen formulieren konnte, warum das Bild der Stadt Frankfurt genau diese Gestalt annehmen „musste" und sich so völlig anders darstellt als zum Beispiel – meine Heimatstadt – Berlin.

Literaturverzeichnis

Bartezko, Dieter (1991) *Franckfurth ist ein curioser Ort.* *Streifzüge durch städtische Szenerien und Architekturen.* Frankfurt / New York, Campus Verlag.

Campi, Mario (2000) *Skyscrapers : an architectural type of modern urbanism.* Basel / Boston / Berlin, Birkhäuser – Publishers for Architecture.

Eisele, Johann und Ellen Kloft [Hrsg.] (2002) *HochhausAtlas.* München, Verlag Georg D. W. Callwey GmbH.

Flierl, Bruno (2000) *Hundert Jahre Hochhäuser.* *Hochhaus und Stadt im 20. Jahrhundert.* Berlin, Verlag Bauwesen.

Freund, Bodo (2002) *Hessen.* *Perthes Länderprofile.* Gotha, Klett – Perthes.

Goldberger, Paul (1984) *Wolkenkratzer.* *Das Hochhaus in Geschichte und Gegenwart.* Stuttgart, Deutsche Verlags – Anstalt.

Greverus, Ina – Maria ; Johannes Moser, Heinz Schilling und Gisela Welz [Hrsg.] (1998) *Frankfurt am Main.* *Ein kulturanthropologischer Reiseführer.* Frankfurt a. M. , Inst. Für Kulturanthropologie und Europ. Ethnologie (Kulturanthropologie – Notizen, Bd. 62).

Häußermann, Hartmut [Hg.] (2000) *Großstadt.* *Soziologische Stichworte.* Opladen, Leske + Budrich.

Jonak, Ulf (1991) *Die Frankfurter Skyline.* *Eine Stadt gerät aus den Fugen.* Frankfurt a. M. , Fischer Taschenbuch Verlag GmbH.

Lichtenberger, Elisabeth (1991) *Stadtgeographie*. Stuttgat, B.G. Teubner.

Maier, Jörg [Hrsg.] (1998) *Bayern*. *Perthes Länderprofile*. Gotha, Klett – Perthes.

Schmidt, Johann N. (1991) *Wolken – Kratzer*. *Ästhetik und Konstruktion*. Köln, Du Mont Buchverlag.

Schöller, Peter (1980) *Die Deutschen Städte*. Wiesbaden, Franz Steiner Verlag GmbH.

Speer; Albert (1992) *Die intelligente Stadt*. Stuttgart, Deutsche Verlags – Anstalt GmbH.

Wiese, Bernd und Norbert Zils (1987) *Deutsche Kulturgeographie*. *Werden, Wandel und Bewahrung deutscher Kulturlandschaften*. Herford, Verlag Busse + Seewald.

http://www.muenchen.de/Rathaus/plan/plantreff/hh_in_m/85142/index.html

http://www.go2003.de/skylineffm/home.htm

http://www.emporis.com/ge/wm/ci/?id=100563